Genähte Grußkarten

Wundern Sie sich nicht, aber hier geht es tatsächlich um genähte Grußkarten aus Papier.

Dabei werden verschiedene Motivteile wie Blüten, Sterne, Herzen und Kreise ausgeschnitten oder gestanzt, auf die Karte gelegt und mit Kontrastnähgarn in verschiedenen Sticharten auf die Karten genäht. Auf diese Weise erzielen Sie tolle Effekte, die Ihre Grußkarten einzigartig machen. Dass an den Kanten kein Klebstoff zum Vorschein kommt, ist zudem ein positiver Nebeneffekt.

Über solch liebevolle Kartengrüße freuen sich Ihre Freunde und Bekannten mit Sicherheit.

Lassen Sie sich von der Vielfalt meiner Kartenideen zum Nachnähen inspirieren!

Viel Spaß beim Nähen, Schreiben und Verschicken wünscht

Sabine Hörtensteiner

Die Motive lassen sich in folgende Schwierigkeitsgrade unterteilen:

● ○ ○ einfach ● ● ○ etwas schwieriger ● ● ● anspruchsvoll

MATERIAL

Folgende Werkzeuge und Hilfsmittel sollten Sie zur Hand haben. Sie werden bei fast allen Modellen benötigt und in den einzelnen Materiallisten nicht mehr gesondert aufgeführt.

- Transparentpapier (Vorlagen übertragen)
- Cutter und Schneideunterlage
- dünner Karton (Schablone)
- Nähmaschine
- Bügeleisen und Bügelbrett
- Klebstoff oder Klebestift, Klebepunkte, Klebefilm
- Serviettenkleber
- spitze Schere und Konturenschere
- harter und weicher Bleistift sowie Radiergummi
- Permanentmarker in Schwarz
- Polyester-Nähgarn in verschiedenen Farben
- Handnähnadel

Hinweis: Als „Rest“ wird immer ein Stück bezeichnet, das maximal A5 groß ist.

So wird's gemacht

Vorlagen übertragen

Mit Schablonen

1 Alle Motivteile mit Bleistift von den Vorlagen auf Transparentpapier übertragen. Darauf achten, dass es zu keinen Überschneidungen kommt.

2 Das Transparentpapier mit der Vorlage auf dünnen Karton oder dickes Papier kleben und die Motive ausschneiden.

3 Die fertige Schablone auf das ausgewählte Papier legen, Konturen nachzeichnen und die Motivteile ausschneiden.

Mit Transparentpapier

Die Vorlagen mit Bleistift auf Transparentpapier durchpausen und die Linien auf der Rückseite mit einem weichen Bleistift nachmalen. Das Transparentpapier mit der Rückseite nach unten auf dem ausgewählten Papier platzieren und die Linien mit einem harten Bleistift nachziehen, sodass sie sich auf das Papier übertragen.

Papiere mit der Nähmaschine aufnähen

Platzieren Sie die ausgeschnittenen oder gestanzten Formen auf dem Untergrundpapier und nähen Sie diese entsprechend der Vorlage oder nach eigenen Vorstellungen fest.

Patchworkpapier

1 Sammeln Sie Papierreste, am besten in Streifenform. Nähen Sie gleichlange Streifen (2–3 cm breit) verschiedener Papiere mit dem Stepp- oder Zickzack-Stich Ihrer Nähmaschine zusammen. So entsteht ein neues Papier mit Streifen.

2 Schneiden Sie das neue Papier im rechten Winkel zum Streifenverlauf wieder in schmale Streifen (2–3 cm breit).

3 Nähen Sie diese Streifen musterversetzt wieder aneinander; so entsteht eine Art Karopapier. Jetzt können Sie wie gewünscht Motive ausschneiden und auf die Klappkarten nähen.

Tipp: Patchworkpapier nicht mit dem Cutter oder der Schneidemaschine schneiden, da es u. U. beschädigt wird. Verwenden Sie dazu besser eine herkömmliche Schere.

Serviettentechnik

1 Die gewünschten Motive ausschneiden, die oberste Lage von der Serviette abnehmen und diese mit Serviettenkleber auf Kopier- oder Druckerpapier aufkleben. Dabei vorsichtig aus der Mitte heraus arbeiten, denn die Servietten sind sehr dünn und reißen leicht. Alles gut trocknen lassen.

2 Das Serviettenpapier mit dem Bügeleisen bei geringer Hitze von der linken Seite leicht glatt bügeln (eventuell ein altes Geschirrtuch dazwischenlegen). Danach das Papier wie gewünscht zuschneiden.

Einlegeblätter

Aus weißem oder farblich passendem Ton- oder Schreibmaschinenpapier werden die Einlegeblätter ca. 5 mm schmaler als die Klappkarte zugeschnitten. Diese nach dem Beschriften in die Karte legen.

Tipps

- Da innen in den Karten die Nähte sichtbar sind, immer nur die äußerste Naht durch das Kartenpapier nähen, alle anderen Motive schon vorab auf die Hintergründe nähen.
- Befestigen Sie einzelne Elemente vor dem Aufnähen mit ein wenig Klebstoff oder einem Stück doppelseitigem Klebeband, damit diese nicht verrutschen.
- Beim „Um-die-Ecke-Nähen" darauf achten, dass sich die Nadel beim Aufnähen im Papier befindet, sodass das Papier beim Wenden nicht verrutscht.
- Je größer die Formen sind, desto größer können Sie die Stichlänge einstellen; generell empfehle ich ca. 3–4 Stiche pro cm. Ist die Stichlänge zu kurz, gibt es zu viele nahe aneinanderliegende Löcher und es besteht die Gefahr, dass das Papier reißt.
- Verriegeln Sie bei geschlossenen Nähten entweder nur das Nahtende oder den Nahtanfang mit einigen Stichen auf der Stelle. Ansonsten wird das Papier durch zu viele Einstichlöcher perforiert und es reißt. Offene Nähte am Anfang und Ende verriegeln.
- Beim Aufnähen immer an der gleichen Stelle mit dem Nähen beginnen, z. B. immer in der linken unteren Ecke. Dies trägt dazu bei, dass sich die Nahtanfänge und -enden nicht einmal oben rechts und einmal unten links befinden. Falls mehrere Formen überlappen, starten Sie das Nähen an einer später unsichtbaren Stelle.
- Verwenden Sie spitze Nadeln der Stärke 70 für dünne Papiere und wenige Lagen sowie Stärke 80 für dicke Papiere und mehrere Lagen.

Es blüht...

→ im Materialmix

MATERIAL

- Tonpapier in Pink, 21 cm x 10,5 cm
- Tonpapier in Weiß, 10,4 cm x 10,4 cm
- Bastelkarton in Rosa-Weiß kariert, 9,5 cm x 9,5 cm
- Bastelkartonrest in Pink-Orange mit Blumen
- Bastelfilzrest in Pink
- 16 Rocailles in Weinrot, transparent gelüstert, ø 2,6 mm
- Konturenschere: Büttenrand
- Nähgarn in Pink

VORLAGENBOGEN 1A

1 Die Filzblume und den Papierkreis gemäß Vorlage ausschneiden. Das weiße Tonpapier entlang den Kanten mit der Konturenschere zurechtschneiden.

2 Die Filzblume mittig auf das Karopapier kleben und darauf den Papierkreis fixieren. Dieser Kreis wird entlang der Kontur mit Steppstichen auf den Filz und das Karopapier aufgenäht.

3 Von Hand die Perlen entlang des Papierkreises durch die Filzblume und das Karopapier annähen. Das Karopapier mittig auf das weiße Tonpapier kleben.

4 Das weiße Tonpapier mittig auf der Klappkarte anordnen und mit Steppstichen entlang des Karopapiers aufnähen.

Tipp: Kleben Sie zur Sicherheit Nahtanfang und -ende der Perlennaht mit Klebefilm auf der Rückseite des Karopapiers an.

Bunt gemustert

→ für Patchworkfans

MATERIAL
POSTKARTE MIT STERN

- Fotokarton in Dunkelrot, 13 cm x 13 cm
- Tonpapier in Mattgold, 12,5 cm x 12,5 cm
- Papierreste in verschiedenen Farben
- Bastelkartonreste in verschiedenen Farben
- Scrapbooking-Papierreste in verschiedenen Farben
- Serviettenreste in Grün und in Rosa-Rot gestreift
- Nähgarn in Weiß und Rot

KARTE MIT STREIFEN

- Tonpapier in Dunkelrot, 26 cm x 13 cm
- Tonpapier in Weiß, 12,5 cm x 12,5 cm
- Bastelkartonreste in Pink-Orange mit Blumen und Gelb mit Paisleymuster
- Universalkartonrest mit Rosen
- Fotokartonrest in Rosa marmoriert
- Scrapbooking-Papierrest „Red Santa" in Rot
- Bastelkartonrest in Rot-Weiß gepunktet
- Scrapbooking-Papierreste in Rot mit Ornamenten und Rosa gestreift
- Kreativkartonrest „Fäden Metallic" in Rot
- Nähgarn in Rot

VORLAGENBOGEN 1A

Postkarte mit Stern

1 Das Patchworkpapier wie auf Seite 3 beschrieben herstellen. Aus dem so gefertigten Papier den Stern laut Vorlage ausschneiden, mittig auf das mattgoldene Tonpapier aufkleben und mit Steppstichen entlang den Kanten aufnähen.

2 Abschließend wird das mattgoldene Tonpapier mittig auf die Karte gelegt und ringsum mit rotem Nähgarn aufgenäht.

Karte mit Streifen

1 Das Patchworkpapier wie auf Seite 3 beschrieben herstellen. Aus dem so gefertigten Papier ein 12 cm x 12 cm großes Quadrat ausschneiden.

2 Das dunkelrote Tonpapier zu einer Karte falten und mittig darauf das weiße Tonpapier und das Patchworkpapier aufkleben und wie abgebildet mit Steppstichen auf die Karte nähen.

Geburtstagskarten

→ in angenehmen Blautönen

29 AGAIN

1 Die Buchstaben und Ziffern nach Vorlage ausschneiden, dabei darauf achten, dass nebeneinanderliegende Buchstaben und Ziffern in unterschiedlichen Farben ausgeschnitten werden.

2 Die Tonpapierstreifen wie abgebildet mit 5 mm Überstand aufeinanderlegen, mit etwas Kleber fixieren und kurz trocknen lassen. Danach die Ziffern und Buchstaben anordnen und mit Steppstichen aufnähen, dabei Nahtanfang und Nahtende verriegeln (siehe Tipp Seite 4). Das Streifenpapier anschließend mittig auf das hellblaue Tonpapier kleben.

3 Das königsblaue Tonpapier zu einer Karte falten und das hellblaue Tonpapier mit den Streifen mit Steppstichen wie abgebildet aufnähen.

Tipp: Wenn Sie das mittlere „A" von „AGAIN" zuerst anordnen, ist es leichter, den gesamten Schriftzug mittig zu platzieren.

Karte mit Schmetterling

1 Den hellblau-weiß gepunkteten Bastelkarton zuschneiden. Dort wo später das Band angenäht wird, mit Bleistift die Mitte (parallel zur Unterkante) markieren. Diese dient als Anhaltspunkt für das Nahtende der Blumenstiele und des Schmetterlings. Den Verlauf der Nahtlinien von der Vorlage auf den Bastelkarton übertragen. Aus dem mittelblauen Tonpapierrest mit einem Stanz- und Prägegerät den Schmetterling stanzen und prägen (siehe Tipp) oder die abgewandelte Vorlage verwenden.

2 Die Blumenstiele mit Steppstichen auf den Bastelkarton aufnähen. Den Schmetterling durch den Rumpf festnähen. Das Band an beiden Seiten ca. 1 cm überstehen lassen und entlang der beiden Kanten auf den Bastelkarton aufsteppen. Die Bandenden nach hinten umlegen und mit Klebefilm auf der Rückseite fixieren.

3 Den Bastelkarton mittig auf das weiße Tonpapier aufkleben. Das hellblaue Tonpapier zur Karte falten und das weiße Tonpapier zusammen mit dem Bastelkarton ringsum mit Steppstichen aufnähen. Abschließend die drei Blumen-Sticker mittig auf die Stielanfänge kleben.

Tipp: Falls Sie kein Stanz- und Prägegerät zur Hand haben, können Sie sich bei gut sortierten Fachhändlern einen Schmetterling stanzen und prägen lassen.

MATERIAL 29 AGAIN

- Tonpapier in Königsblau, 26 cm x 13 cm
- Tonpapier in Hellblau, 12,5 cm x 12,5 cm
- Tonpapier in Ultramarin, Königsblau, Mittelblau und Türkis, 3 x 12 cm x 3,5 cm, 1 x 12 cm x 3 cm (Streifen in Ultramarin)
- Filzreste in Türkis, Olivgrün, Hellblau und Dunkelblau, ca. 3,5 cm x 4,5 cm (für die Zahlen) und ca. 2,5 cm x 3 cm (für die Buchstaben)
- Nähgarn in Hellblau

KARTE MIT SCHMETTERLING

- Tonpapier in Hellblau, 21 cm x 14,8 cm
- Tonpapier in Weiß, 10 cm x 14,3 cm
- Bastelkarton in Hellblau-Weiß gepunktet, 9,5 cm x 14 cm
- Tonpapierrest in Mittelblau
- 3 Epoxy-Sticker: Blumen
- Band in Blau-Weiß mit Schriftzug „birthday", 1,6 cm breit, ca. 13 cm lang
- Nähgarn in Hellblau

VORLAGENBOGEN 1A

Hasen lassen grüßen

→ nicht nur zu Ostern nett

MATERIAL
HASEN AUF DER WIESE
- Tonpapier in Grün, 26 cm x 13 cm
- Tonpapier in Weiß, 12,5 cm x 12,5 cm
- Tonpapier in Hellblau, 12 cm x 12 cm
- Tonpapierreste in Orange, Rosa und Dunkelbraun
- Bastelfilzrest in Grün
- Nähgarn in Grün

HASENTRIO
- Tonpapier in Pink, 21 cm x 20 cm
- Tonpapier in Dunkelbraun, 9 cm x 20 cm
- Tonpapierreste in Hellgelb, Orange und Rot, je 6 cm x 6 cm
- Tonpapierreste in Beige, Rosa, Dunkelrot und Dunkelgelb
- Motivlocher: Kreis
- Konturenschere: Büttenrand
- Nähgarn in Rot

KARTE MIT FILZTASCHE
- Tonpapier in Rot, 26 cm x 13 cm
- Tonpapier in Weiß, 12,5 cm x 12,5 cm
- Tonpapierreste in Braun, Pink, Türkis und Orange, 3 x 12 cm x 3,5 cm, 1 x 12 cm x 3 cm (Streifen in Braun)
- Bastelfilzrest in Grün
- Bastelfilzpunkte in Gelb, Orange, Blau und Braun
- Karoband in Rot, 5 mm breit, ca. 15 cm lang
- Satinband in Rosa, 7 mm breit, ca. 15 cm lang
- Nähgarn in Rot

VORLAGENBOGEN 1B

Hasen auf der Wiese

1 Die Hasen und die Wiese laut Vorlage aus Papier und Filz ausschneiden. Die Tonpapierhasen auf das hellblaue Papier und die Filzwiese darüber aufkleben. Die Wiese entlang der Kontur auf das hellblaue Papier aufnähen.

2 Das hellblaue Papier mittig auf das weiße Papier aufkleben. Das grüne Papier zur Karte falten, das weiße Papier mittig darauf platzieren und das hellblaue Tonpapier ringsum mit Steppstichen auf das weiße Papier und die Karte aufnähen.

Tipp: Sie können die Filzwiese auch „nur" aufkleben, das ist leichter als das Aufnähen entlang der Zackenkontur.

Hasentrio

1 Die Hasen gemäß der Vorlage ausschneiden, die Kreise mit dem Motivlocher herstellen und die Tonpapierquadrate (fertige Größe 5,5 cm x 5,5 cm) mit der Konturenschere zurechtschneiden.

2 Quadrate, Kreise und Hasen wie abgebildet auf das braune Tonpapier kleben und die Hasen entlang den Konturen mit Steppstichen aufnähen.

3 Das pinkfarbene Tonpapier zur Karte falten und das braune Papier ringsum mit Steppstichen aufnähen.

Karte mit Filztasche

1 Das rote Tonpapier zur Karte falten und die Filztasche nach Vorlage ausschneiden.

2 Die Papierstreifen wie abgebildet mit 5 mm Überstand aufeinanderlegen und mit etwas Kleber fixieren. Die Tasche auf das Satinband auffädeln und leicht ankleben. Das Satinband und das Karoband auf beiden Seiten ca. 1 cm überstehen lassen und entlang der Kanten auf das Streifenpapier aufnähen. Die Bandenden nach hinten umlegen und mit Klebefilm auf der Rückseite fixieren.

3 Die Tasche entlang der Kontur auf das Streifenpapier aufnähen. Das Streifenpapier anschließend mittig auf das weiße Tonpapier kleben und mit Steppstichen ringsum auf die Karte nähen. Abschließend Filzpunkte auf die Tasche kleben und in die Öffnung einen Geldschein einlegen.

Für Verliebte

→ Karten mit Herzen oder Blüten

MATERIAL
KARTE MIT BLÜTEN

- Tonpapier in Dunkelrot, 21 cm x 14,8 cm
- Tonpapier in Rot, 10 cm x 14,3 cm
- Fotokartonrest in Rosa marmoriert
- Bastelpapierrest in Rot-Weiß gepunktet
- Shining Paper-Rest in Dunkelrot
- Universalkartonrest mit Rosen
- 2 Blumen-Schmucksteine in Rot
- Serviette in Rosa-Rot gestreift, 33 cm x 33 cm
- Motivlocher: Sternblüte
- Nähgarn in Dunkelrot

KARTE MIT HERZEN

- Tonpapier in Rot, 21 cm x 21 cm
- Maulbeer-Papier in Rot, 10 cm x 20,5 cm
- Fotokartonrest in Rosa marmoriert
- Universalkartonrest mit Rosen
- Scrapbooking-Papierreste in Rosa mit bunten Punkten und mit Ornamenten
- Perlmuttkartonrest in Rubinrot
- Shining Paper-Rest in Dunkelrot
- Organza-Band in Weinrot, 3 mm breit, ca. 60 cm lang
- Motivlocher: Folk Heart
- Nähgarn in Rot

VORLAGENBOGEN 2A

Karte mit Blüten

1 Die Sternblüten mit dem Motivlocher stanzen. Das Serviettenpapier wie auf Seite 3 beschrieben herstellen und auf die Maße 9,5 cm x 13,9 cm zuschneiden.

2 Die Blüten wie abgebildet anordnen, leicht auf das Serviettenpapier kleben und gemäß der Vorlage mit Steppstichen festnähen. Das Serviettenpapier mittig auf das rote Tonpapier kleben.

3 Das dunkelrote Tonpapier zur Karte falten, darauf das rote Tonpapier mittig platzieren und das Serviettenpapier ringsum mit Steppstichen aufnähen. Zum Schluss die Schmucksteine aufkleben.

Tipp: Kleben Sie einen Schmuckstein zur Probe auf ein Restpapier und testen Sie Klebermenge und Trocknungszeit.

Karte mit Herzen

1 Die Herzen mit dem Motivlocher ausstanzen und nach Belieben oder wie abgebildet auf das Maulbeer-Papier aufkleben.

2 Das Organzaband wie abgebildet auf die Karte aufnähen und ca. 1,5 cm an allen Enden überstehen lassen. Die Enden nach hinten umlegen und mit Klebefilm auf der Rückseite fixieren.

3 Das rote Tonpapier zu einer Karte falten und das Maulbeerpapier ringsum mit Steppstichen auf die Karte aufnähen.

Zur Geburt

→ für boys und girls

MATERIAL IT'S A GIRL!

- Tonpapier in Pink, 26 cm x 13 cm
- Scrapbooking-Papier in Rosa mit bunten Punkten, 12,5 cm x 12,5 cm
- Scrapbooking-Papierreste in Rosa gestreift mit Schriftzug „Baby" und in Bunt gestreift
- Tonpapier in Weiß, 15 cm x 3 cm
- Tonpapierrest in Rosa
- Motivlocher: Folk Heart
- Konturenschere: Büttenrand
- Organzaband in Transparent-Rosa mit Schriftzug „It's a girl", 2 cm breit, ca. 15 cm lang
- Nähgarn in Weiß

A STAR IS BORN

- Tonpapier in Mittelblau, 21 cm x 14,8 cm
- Bastelkarton in Blau mit Babymotiven, 10 cm x 14,5 cm
- Tonpapierrest in Mittelblau
- CREApop® Sticker: kleine Buchstaben in Pastelltönen
- Organzaband in Transparent-Hellblau mit Babyfüßen, 1 cm breit, ca. 20 cm lang
- Nähgarn in Hellblau

VORLAGENBOGEN 1A

It's a girl

1 Das bunt gepunktete Papier zuschneiden. Dort, wo später das Band angenäht wird, mit Bleistift die Mitte (parallel zur Unterkante) markieren. Diese dient als Anhaltspunkt für das Nahtende der Herzen. Den Verlauf der Nahtlinien von der Vorlage auf das Scrapbooking-Papier übertragen. Die Herzen mit dem Motivlocher ausstanzen, wie auf der Vorlage abgebildet anordnen und mit Zickzackstichen auf das gepunktete Papier aufnähen.

2 Den weißen Tonpapierstreifen mit der Konturenschere zurechtschneiden und mittig auf die Bleistiftlinie kleben. Dabei rechts und links ca. 1 cm überstehen lassen. Darauf das Organzaband legen und ebenso an beiden Bandenden ca. 1 cm überstehen lassen. Den Streifen und das Band entlang der beiden Kanten auf das Punktepapier aufsteppen. Die Enden nach hinten umlegen und mit Klebefilm auf der Rückseite fixieren.

3 Zuletzt das pinkfarbene Tonpapier zur Karte falten und das Punktepapier ringsum mit Steppstichen aufnähen.

Tipp: Nähen Sie immer auf Restpapier zur Probe, um zu prüfen, ob die Fadenspannung und die Stichlänge richtig sind. Auch das Aufnähen des Organzabands sollte zuvor auf einem Stück Papier getestet werden.

A star is born

1 Den Stern gemäß der Vorlage aus mittelblauem Tonpapier ausschneiden. Das Organzaband halbieren und die beiden unteren Enden abschrägen, wie abgebildet auf dem hellblauen Bastelkarton platzieren und mit Klebefilm fixieren.

2 Den Stern auf das Band legen und ihn entlang seiner Konturen auf den Bastelkarton aufnähen. Das hellblaue Tonpapier zur Karte falten und den Bastelkarton ringsum mit Steppstichen aufnähen. Zum Schluss die Buchstabensticker auf den Stern kleben.

Blumen in Grüntönen

→ Frühlingsduft liegt in der Luft!

MATERIAL KARTE IM HOCHFORMAT

- Tonpapier in Dunkelgrün, 21 cm x 21 cm
- Maulbeer-Papier in Hellgrün, 9,5 cm x 20 cm
- Bastelkartonreste in Grün-Weiß gepunktet und Grün mit Paisleymuster
- Transparentpapierrest in Bunt gestreift
- Scrapbooking-Papierreste in Grün gestreift und „Green squares“
- Serviette mit Weihnachtsmotiv
- Motivlocher: Sternblüte
- Nähgarn in Dunkelgrün

QUADRATISCHE KARTE

- Tonpapier in Weiß, 26 cm x 13 cm
- Scrapbooking-Papier „Green squares“, 12,5 cm x 12,5 cm
- Bastelkartonrest in Grün-Weiß gepunktet
- Tonpapierrest in Grün
- Shining Paper-Rest in Hellgrün
- Motivlocher: Sternblüte
- Perlmuttschmuckknopf: Blume
- Ripsband in Hellgrün mit weißen Punkten, 1 cm breit, ca. 15 cm lang
- Nähgarn in Hellgrün und Weiß

VORLAGENBOGEN 2A

Karte im Hochformat

1 Die Blüten (eine Blüte entsteht aus Serviettenpapier, siehe Anleitung Seite 3) mit dem Motivlocher ausstanzen, wie auf der Vorlage abgebildet auf das Maulbeer-Papier kleben und mit Steppstichen festnähen (Nahtverlauf siehe Vorlage).

2 Das dunkelgrüne Tonpapier zu einer Karte falten und das grüne Maulbeer-Papier ringsum mit Steppstichen auf die Karte aufnähen.

Quadratische Karte

1 An der Stelle, an der später das Ripsband auf dem Scrapbooking-Papier aufgenäht wird, die Bandmitte mit einer Bleistiftlinie (parallel zur Unterkante) markieren. Diese dient als Anhaltspunkt für die Nahtenden der Blumenstängel.

2 Die Blüten mit dem Motivlocher ausstanzen, wie abgebildet anordnen, die Nadel der Nähmaschine ab der Blütenmitte ansetzen und mit hellgrünen Steppstichen auf das Scrapbooking-Papier aufnähen. Für die Knopf-Blume den Stiel nähen und den Knopf mit hellgrünem Nähgarn von Hand am Nahtanfang auf das Scrapbooking-Papier aufnähen.

3 Das Ripsband an beiden Seiten ca. 1 cm überstehen lassen und mit weißem Nähgarn entlang der beiden Kanten auf das Scrapbooking-Papier aufsteppen. Die Bandenden nach hinten umlegen und auf der Rückseite mit Klebefilm fixieren.

4 Das weiße Tonpapier zur Karte falten und das Scrapbooking-Papier ringsum mit weißem Nähgarn und Steppstichen aufnähen.

Gruß- und Einladungskarten

→ zur Kommunion oder Konfirmation

MATERIAL GRUSSKARTE ZUR KONFIRMATION

- Tonpapier in Mittelblau, 20 cm x 21 cm
- Tonpapier in Hellblau, 9,5 cm x 20,5 cm
- Bastelfilzrest in Türkis
- Naturpapierrest „Invitation of life“ in Türkis
- Tonpapierrest in Dunkelblau
- Satinband in Dunkelblau, 3 mm breit, ca. 70 cm lang
- Nähgarn in Mittelblau

EINLADUNGSKARTE ZUR KOMMUNION

- Tonpapier in Weiß, 26 cm x 13 cm
- Tonpapierrest in Mittelblau
- Naturpapierreste „Invitation of life“ in Silber und Türkis
- Transparentpapierrest in Weiß mit Schriftzug „Einladung“
- Nähgarn in Mittelblau

VORLAGENBOGEN 1B

Grußkarte zur Konfirmation

1 Die Satinbänder wie abgebildet auf das hellblaue Tonpapier aufsteppen. Dabei die Enden der Satinbänder jeweils ca. 1 cm überstehen lassen, nach hinten umklappen und mit Klebefilm auf der Rückseite fixieren.

2 Die Fische gemäß der Vorlage aus Bastelfilz bzw. Tonpapier und Naturpapier ausschneiden, wie abgebildet auf das hellblaue Tonpapier kleben und entlang der Konturen aufsteppen.

3 Das mittelblaue Tonpapier zur Karte falten, das hellblaue Tonpapier mittig aufkleben und ringsum mit Steppstichen auf die Karte nähen.

Einladungskarte zur Kommunion

1 Das weiße Tonpapier zur Karte falten. Die Fische anhand der Vorlage ausschneiden wie abgebildet auf der Karte anordnen und fixieren.

2 Die geschwungenen Nahtlinien von der Vorlage auf die Karte übertragen und die Fische mit Steppstichen festnähen.

Sterne über Sterne

→ Für dich soll's bunte Sterne regnen!

MATERIAL
KARTE IM HOCHFORMAT

- Tonpapier in Dunkelrosa, 21 cm x 20 cm
- Scrapbooking-Papier in Bunt gestreift, 9,5 cm x 20,5 cm
- Bastelkartonrest in Rot-Weiß gepunktet
- Fotokartonrest in Rosa marmoriert
- Universalkartonrest mit Rosen
- Perlmuttkartonrest in Rubinrot
- Tonpapierrest in Mattgold
- Nähgarn in Pink

QUADRATISCHE POSTKARTE

- Fotokarton in Brombeer, 13 cm x 13 cm
- Scrapbooking-Papier in Rosa gestreift, 12,5 cm x 12,5 cm
- Bastelkartonrest in Rot-Weiß gepunktet
- Fotokartonrest in Rosa marmoriert
- Universalkartonrest mit Rosen
- Perlmuttkartonrest in Rubinrot
- Tonpapierrest in Mattgold
- Nähgarn in Pink

VORLAGENBOGEN 2A

Karte im Hochformat

1 Die Sterne (3 x groß, 2 x mittel) gemäß Vorlage ausschneiden, wie abgebildet anordnen und mit Steppstichen auf das Streifenpapier nähen (Anordnung und Nahtlinien siehe Vorlage).

2 Das Tonpapier in Dunkelrosa zur Karte falten, das Streifenpapier mittig darauf platzieren und ringsum mit Steppstichen aufnähen.

Quadratische Postkarte

Die Sterne (2 x groß, 1 x mittel, 2 x klein) gemäß Vorlage ausschneiden. Weitere Arbeitsschritte siehe Anleitung Karte im Hochformat. Maßangaben in der Materialliste beachten.

Tipp: Besonders schön wirken die Karten in knalligen Farben und „wilden" Mustern.

Stilvoll und edel

→ für viele Gelegenheiten

MATERIAL

KARTE MIT BLÄTTERN

- Tonpapier in Pink, 21 cm x 14,85 cm
- Tonpapier in Beige, 10 cm x 14,5 cm
- Naturpapierreste „Invitation of life“ in Grüntönen
- Transparentpapierrest in Grün mit Regentropfen
- Nähgarn in Pink

KARTE MIT KREISEN

- Tonpapier in Beige, 26 cm x 13 cm
- Tonpapierrest in Grün
- Naturpapierreste „Invitation of life“ in Grüntönen
- Transparentpapierrest in Grün mit Regentropfen
- Motivlocher: großer und mittlerer Kreis
- Nähgarn in Hellgrün

VORLAGENBOGEN 1B+2A

Karte mit Blättern

1 Die Blätter gemäß der Vorlage ausschneiden und auf das beigefarbene Tonpapier kleben. Die Blätter mit Steppstichen aufnähen (Anordnung und Nahtlinien siehe Vorlage).

2 Das pinkfarbene Tonpapier zur Karte falten, das beigefarbene Tonpapier mittig auf der Karte fixieren und ringsum mit Steppstichen aufnähen.

Karte mit Kreisen

1 Das beigefarbene Tonpapier zur Karte falten. Die Kreise mit den Motivlochern ausstanzen und wie abgebildet direkt auf die Karte kleben. Die Kreise mit Steppstichen aufnähen (Anordnung und Nahtlinien siehe Vorlage).

2 Da auf der Innenseite der Karte die Nahtlinien zu sehen sind, das Einlegeblatt wie auf Seite 3 beschrieben anfertigen und auf der linken Seite der aufgeklappten Karte fixieren.

Blütenrausch

→ und Sternenregen

MATERIAL STERNENKARTE

- Tonpapier in Mattgold, 26 cm x 13 cm
- Naturpapierrest in Dunkelrot
- Lederpapierrest in Dunkelrot
- Bastelkartonrest in Weiß-Rosa kariert
- Scrapbooking-Papierrest in Rot kariert
- Baumwollpapierrest in Pink mit silbernen Wachspunkten
- Nähgarn in Pink

BLUMENSTRAUSS

- Tonpapier in Rot, 21 cm x 14,8 cm
- Universalkarton mit Rosen (Rückseite), 10 cm x 14,3 cm
- Kreativkartonrest „Karat metallic" in Rot
- Fotokartonrest in Rosa marmoriert
- Bastelkartonreste in Gelb mit Paisleymuster und Rot-Weiß gepunktet
- Scrapbooking-Papierrest in Rosa gepunktet
- Highlight gold-Papierrest „Sand" in Gold
- Crush Paper-Rest in Weinrot mit Metalliceffekt
- Organzaband in Weinrot, 5 mm breit, ca. 40 cm lang
- 7 Rocailles in Weinrot, transparent gelüstert, ø 2,6 mm
- Motivlocher: Sternblüte
- Nähgarn in Rot

VORLAGENBOGEN 2B

Sternenkarte

1 Das mattgoldene Tonpapier zur Karte falten.

2 Die Sterne gemäß Vorlage ausschneiden (3 x groß, 1 x mittel und 1 x klein), auf der Karte anordnen und mit Steppstichen festnähen (Anordnung und Nahtlinien siehe Vorlage).

Tipp: **Der Mix an verschiedenen Papieren verleiht dieser Karte das gewisse Etwas. Vermeiden Sie größere Abstände zwischen den Sternen und lassen Sie die Sternspitzen überlappen.**

Blumenstrauß

1 Die Blumen mit dem Motivlocher ausstanzen. Die höchste Blüte auf den Universalkarton kleben und ab der Blütenmitte beginnen, den Stiel mit Steppstichen zu nähen. Dabei das Organzaband für die Schleife unterhalb der Blüten über das Papier legen und den Stiel darüber nähen. Nun immer abwechselnd eine Blüte aufkleben und den Stiel bis über das Band hinaus nähen. Anschließend von Hand Rocailles auf die Blütenmitten nähen.

2 Das dunkelrote Tonpapier zur Karte falten, den Universalkarton mittig darauf platzieren und ringsum mit Steppstichen auf die Karte nähen. Zuletzt das Organzaband zur Schleife binden und die Enden in gewünschter Länge abschneiden.

Tipp: **Nähen Sie die Blüten von oben nach unten und von links nach rechts an. Die handgenähte Naht auf der Rückseite können Sie mit Klebefilm sichern.**

Winterzeit

→ über Grüße freut sich jeder

MATERIAL
KARTE MIT STERNEN

- Tonpapier in Rot, 21 cm x 21 cm
- Bastelkarton in Weiß-Rot gestreift, 10 cm x 20,5 cm
- Bastelkartonrest in Rot-Weiß gepunktet
- Starlight Papier-Rest in Rosa
- Shining Paper-Rest in Dunkelrot
- Ripsband in Rot-Rosa-Grün gestreift, 1 cm breit, ca. 12 cm lang
- 4 Streusterne in Rot, ø ca. 7 mm
- Motivlocher: Stern und Doppelstern
- Nähgarn in Rot

KARTE MIT SCHNEEFLOCKEN

- Tonpapier in Rot, 26 cm x 13 cm
- Tonpapier in Weiß, 12,5 cm x 12,5 cm
- Bastelkarton in Rot-Weiß gepunktet, 12 cm x 12 cm
- Perlmuttkartonreste in Rosa und Rubinrot
- Shining Paper-Rest in Rosa
- Crush Paper-Rest in Weinrot mit Metalliceffekt
- Tonpapierrest in Dunkelrot
- Kreativkarton „Karat Metallic“ in Rot
- Motivlocher: Schneeflocke
- Nähgarn in Rot

VORLAGENBOGEN 2B

Karte mit Sternen

1 Dort, wo später das Ripsband auf den gestreiften Bastelkarton genäht wird, vorsichtig mit Bleistift eine Linie (parallel zur Oberkante) markieren. Diese dient als Anhaltspunkt für den Nahtanfang der Sterne.

2 Die Sterne mit den Motivlochern ausstanzen. Die Streu- und Papiersterne (auch die kleinen inneren Sterne) wie abgebildet auf den gestreiften Bastelkarton kleben. Anschließend werden die Sterne mit Steppstichen von oben beginnend auf den Bastelkarton genäht.

3 Das Ripsband an beiden Seiten ca. 1 cm überstehen lassen und entlang den beiden Kanten auf den Bastelkarton steppen. Die Bandenden nach hinten umlegen und mit Klebefilm fixieren.

4 Das rote Tonpapier zur Karte falten, darauf das Streifenpapier mittig fixieren und ringsum mit Steppstichen auf die Karte nähen.

Karte mit Schneeflocken

1 Die Schneeflocken mit dem Motivlocher ausstanzen, gemäß der Vorlage auf den Bastelkarton kleben und mit Steppstichen festnähen (Nahtverlauf siehe Vorlage).

2 Den Bastelkarton mittig auf das weiße Tonpapier kleben. Das rote Tonpapier zur Karte falten, das weiße Tonpapier mittig darauf platzieren und ringsum das Punktepapier mit Steppstichen aufnähen.

Oh, Tannenbaum

→ Grüße aus dem Weihnachtswald

MATERIAL KARTE MIT TANNENBÄUMEN

- Tonpapier in Grün, 26 cm x 13 cm
- Naturpapier in Hellgrün, 12,3 cm x 12,3 cm
- Bastelkartonrest in Grün-Weiß gepunktet
- Scrapbooking-Papierreste in Grün gestreift und Grün kariert
- Glitzerfilzrest in Dunkelgrün
- 2 Baumpailletten in Grün, ca. 2 cm hoch
- Epoxy-Sticker: Christbaum
- Motivlocher: Baum und Tannenbaum
- Nähgarn in Grün

WEIHNACHTSBAUM VOM BAND

- Tonpapier in Altrosa, 21 cm x 14,8 cm
- Tonpapier in Weiß, 10 cm x 14 cm
- Tonpapierrest in Orange
- Organzaband in Dunkelgrün, ca. 4 mm breit, ca. 50 cm lang
- Ripsband in Hellgrün mit weißen Punkten, 1 cm breit, ca. 13 cm lang
- Motivlocher: Stern
- Klebepunkt
- Nähgarn in Grün und Rosa

VORLAGENBOGEN 2B

Karte mit Tannenbäumen

1 Den Filzbaum gemäß der Vorlage ausschneiden und die Papierbäume mit den Motivlochern ausstanzen. Alle Bäume gemäß der Vorlage auf das Naturpapier kleben und mit Steppliinien festnähen.

2 Das grüne Tonpapier zur Karte falten, das Naturpapier mittig darauf platzieren und ringsum mit Steppstichen aufnähen. Abschließend den Epoxy-Sticker aufkleben.

Tipp: **Da der Filz etwas dicker ist als das Papier, vorsichtig und langsam darübernähen, damit das Naturpapier nicht beschädigt wird. Nicht über den Aufkleber nähen, er könnte die Nähmaschinennadel verkleben.**

Weihnachtsbaum vom Band

1 Den Stern mit dem Motivlocher ausstanzen. Die Anfangs-, End- und Eckpunkte des Baumes auf dem Tonpapier markieren. Dazu die Vorlage auf das Tonpapier legen und die Punkte vorsichtig mit einer dünnen Stecknadel durchstechen. An der Baumspitze mit dem Aufnähen (Nähgarn in Grün) des Organzabandes beginnen. Dazu das Band gerade in Richtung Unterkante legen und bis zum ersten Markierungspunkt nähen (Nahtanfang vernähen). Dort die Nadel im Papier stecken lassen, das Papier unter der Nadel drehen, das Band in Richtung des nächsten Eckpunktes legen und bis dahin nähen. So bis zum Stamm fortfahren.

2 Das Bandende ca. 2 cm über die untere Papierkante hinaus stehenlassen, das Nahtende auf dem überstehenden Bandende vernähen und das Band nach hinten umklappen und mit Klebefilm fixieren.

3 Das Ripsband auf dem Baumstamm mit einem Klebepunkt festkleben, die überstehenden Enden nach hinten umklappen und mit Klebefilm befestigen. Neben dem Baumstamm sollte das Band lose bleiben, damit Geldscheine oder eine Nachricht eingeschoben werden können.

4 Den Papierstern an der Baumspitze festkleben. Zuletzt das rosafarbene Tonpapier zur Karte falten, das weiße Tonpapier mittig darauf platzieren und ringsum mit rosafarbenem Nähgarn mit Steppstichen aufnähen.

Sternenfunkeln

→ Weihnachtsgrüße

MATERIAL
KARTE MIT FILZSTERN

- Tonpapier in Dunkelrot, 26 cm x 13 cm
- Scrapbooking-Papier „Red Stars" in Rot, 12,5 cm x 12,5 cm
- Perlmuttkartonrest in Rosa
- Glitzerfilzrest in Rot
- Motivlocher: Stern
- Nähgarn in Rot

PATCHWORKSTERN

- Tonpapier in Rot, 21 cm x 10,5 cm
- Tonpapier in Dunkelrot, 10 cm x 10 cm
- Naturpapier in Beige, 10 cm x 10 cm
- Glitzerfilzrest in Rot
- Scrapbooking-Papierreste in Rot kariert und Rot mit Ornamenten
- Lederpapierrest in Dunkelrot
- Starlight-Papierrest in Dunkelrot
- Konturenschere: Büttenrand
- Nähgarn in Rot

VORLAGENBOGEN
1A + 2B

Karte mit Filzstern

1 Den rosafarbenen Perlmuttstern mit dem Motivlocher ausstanzen und den Filzstern gemäß der Vorlage ausschneiden. Den Filzstern mittig mit einer Spitze nach oben auf das Sternenpapier aufkleben und entlang der Kontur mit Steppstichen aufnähen.

2 Das dunkelrote Tonpapier zur Karte falten, das Sternenpapier mittig aufkleben und ringsum mit Steppstichen festnähen. Zuletzt den perlmuttfarbenen Papierstern mittig auf den Filzstern kleben.

Patchworkstern

1 Fünf Sternspitzen gemäß der Vorlage ausschneiden. Das Naturpapier mit der Konturenschere zurechtschneiden und mittig auf das dunkelrote Tonpapier kleben.

2 Die erste Sternspitze so auf das Naturpapier kleben, dass sie nach oben zeigt. Alle anderen Spitzen anlegen, bei Bedarf nachschneiden und fixieren. Die Spitzen entlang der Konturen mit Steppstichen aufnähen.

3 Das rote Tonpapier zur Karte falten und darauf das dunkelrote Tonpapier mit dem Naturpapier mittig aufkleben. Die Papiere ringsum mit Steppstichen auf die Karte nähen.

Hinweis: Sie können dem Reißen des sehr dünnen Naturpapiers vorbeugen, indem Sie beim Aufnähen der Sternspitzen durch Naturpapier und Tonpapier gleichzeitig nähen.

Kartenumschläge

1 Da durch die Naht ca. 5 mm verloren gehen, müssen die Umschläge auf jeden Fall größer sein als die Karten. Falls für die Karten sehr dicke Materialien verwendet wurden, wie Perlen oder Knöpfe, die Umschläge ca. 2 cm länger und breiter als die fertige Karte zuschneiden (für kleine Karten reichen oft auch 1–1,5 cm). Die Laschenbreite muss zusätzlich eingerechnet werden. Diese beträgt ca. 3–4 cm für kleine Umschläge und ca. 6–7 cm für größere Modelle.

2 Beide Zuschnitte so aufeinanderlegen, dass die linke, die untere und die rechte Kante übereinanderliegen. Ringsum zusammennähen, wobei die einlagige Klappe auch am Rand genäht wird. Die Umschlagklappe entlang der offenen Seite umknicken. Die Umschläge können mit Klebepunkten oder Klebstoff geschlossen werden.

DIESES BUCH ENTHÄLT 2 VORLAGENBOGEN

Hilfestellung zu allen Fragen, die Materialien und Bastelbücher betreffen: Frau Erika Noll berät Sie.
Rufen Sie an: 05052/911858*

*normale Telefongebühren

IMPRESSUM

Die Autorin dankt den Firmen Rayher, Ursus und Heyda für die kostenlose Bereitstellung diverser Bastelmaterialien.
Wenn Sie mehr über die Autorin wissen möchten, besuchen Sie sie auf ihrer Homepage www.hoert.eu.

FOTOS: frechverlag GmbH, 70499 Stuttgart; Sabine Hörtensteiner (Schrittfotos Seite 2/3); Fotostudio Ullrich & Co., Renningen
DRUCK: frechdruck GmbH, 70499 Stuttgart

Auflage:	5.	4.	3.	2.	1.	
Jahr:	2012	2011	2010	2009	2008	[Letzte Zahlen maßgebend]

ISBN 978-3-7724-3692-5
Best.-Nr. 3692